23 mars 1885 Lyon

De la part de Mme et Mr Terrel des Chênes

ŒUVRES

ET

COLLECTION

de feu

A. PONTHUS-CINIER

Artiste peintre lyonnais

LYON, MARS 1885

CATALOGUES
DES
ŒUVRES
ET DE LA
COLLECTION
DES
Meubles, Objets d'art, Fayences et Porcelaines
TABLEAUX ET GRAVURES *anciens et modernes*

Dépendant de la succession de feu

M. A. PONTHUS-CINIER

ARTISTE PEINTRE PAYSAGISTE

DONT LA VENTE AUX ENCHÈRES PUBLIQUES

AURA LIEU A LYON

Hôtel des Commissaires-Priseurs, rue de l'Hôpital, 6

Salle n° 2

Les LUNDI 23, MARDI 24, MERCREDI 25, JEUDI 26,
VENDREDI 27 ET SAMEDI 28 MARS 1885

A sept heures et demie précise du soir

EXPOSITIONS

Particulière	Publique
Vendredi 20 mars 1885	Samedi 21 et dimanche 22 mars 1885

De une heure à 4 heures et demie
Et chaque jour de vente de midi et demi à deux heures et demie
Des objets qui seront vendus le soir

Me L. GAZAGNE	Mr G. PINGEON
Commissaire-priseur	Antiquaire-expert
Rue Terme, 16	Quai de l'Hôpital, 39 & 40

CONDITIONS DE LA VENTE

Elle sera faite au comptant.

Les acquéreurs paieront cinq pour cent en sus du prix de l'adjudication.

L'expert chargé de diriger la vente se réserve la faculté de réunir ou diviser les lots.

Les tares et défauts seront annoncés, autant que possible, à chaque mise en vente des objets ; il ne sera admis aucune réclamation une fois l'adjudication prononcée.

En cas de contestation sur une enchère, l'objet sera immédiatement remis en vente.

L'ordre numérique ne sera pas suivi.

Nous prions Messieurs les acheteurs de vouloir bien suivre exactement les Expositions, afin qu'ils puissent se rendre compte de l'état des objets que nous mettons en vente.

LE PRÉSENT CATALOGUE

PRÉCÉDÉ D'UNE NOTICE BIOGRAPHIQUE SUR LA VIE DE M. A. PONTHUS-CINIER, PAR M. AIMÉ VINGTRINIER, BIBLIOTHÉCAIRE DE LA VILLE DE LYON, SE TROUVE :

A LYON, à l'hôtel des Commissaires-priseurs, rue de l'Hôpital, 6.

— chez M. G. PINGEON, antiquaire, quai de l'Hôpital, 39 et 40.

A PARIS, au bureau du *Journal des Arts*, rue Le Pelletier, 47.

M. G. Pingeon se charge des commissions des personnes qui ne peuvent assister à la vente.

ORDRE DES VACATIONS

Chaque soir il sera vendu un certain nombre d'objets pris dans chacune des séries des catalogues, et dont les numéros sont indiqués ci-dessous.

Lundi 23 mars, les nos 6 à 11—33 à 35—53 à 56—81—86—92 à 98—134 à 146—212 à 215—240 à 242—254—262 à 266—294—304—305—362 à 369—384 à 386—421 à 428—452 à 455—499 à 506.

Mardi 24 mars, les nos 22 à 26—36 à 38—57 à 61—82—88—99 à 105—147 à 159—216 à 220—243 à 244—255—267 à 272—295—306—355 à 361—382—383—387—415 à 420—429 à 432—456 à 459—507 à 514.

Mercredi 25 mars, les nos 27 à 32—39 à 42—62 à 66—83—89—106 à 112—160 à 172—221 à 225—245 à 246—252—256—257—273 à 277—296—297—307—308—344 à 354—370—371—388—409 à 414—433 à 437—460 à 463—515 à 522.

Jeudi 26 mars, les nos 17 à 21—43 à 46—67 à 71—83—90—113 à 119—173 à 185—226 à 230—247—248—253—258—259—278 à 283—298—299—309—334 à 343—372—373—389—391 à 395—438 à 442—464 à 467—491 à 498.

Vendredi 27 mars, les nos 12 à 16—47 à 49—72 à 76—84—91—120 à 126—186 à 198—231 à 235—249—250—260—284 à 288—300—301—310—323 à 333—374 à 377—390—396 à 402—443 à 448—468 à 471—483 à 490.

Samedi 28 mars, les nos 1 à 5—50 à 52—77 à 80—85—87—127 à 133—199 à 211—236 à 239—251—261—289 à 293—302—303—311 à 322—378 à 381—403 à 408—449 à 451—472 à 482.

Antoine PONTHUS-CINIER

Peintre lyonnais

Si les arts ont fait une perte profonde à la mort de M. Antoine Ponthus-Cinier, décédé le 18 janvier de cette année, à un âge qui n'était pas avancé, les amis de l'illustre peintre ont été atteints non moins douloureusement en voyant s'éteindre un ami sûr, un honnête homme, un artiste au cœur dévoué, à qui on ne s'adressait jamais en vain, un Lyonnais de la vieille race et de la vieille école, un des derniers survivants de cette pléïade brillante éclose au commencement du siècle et qui a donné à la ville de Lyon un renom artistique non discuté.

Ponthus-Cinier a vécu assez pour voir répudié l'enseignement de sa jeunesse et abandonnée la route qu'il avait suivie avec tant d'ardeur et de succès. Il a tristement assisté au triomphe du réalisme et du naturalisme dans ce Palais des Arts où avaient brillé Orsel et Flandrin. Il a vu ses toiles accrochées à la même cimaise que celles de Manet, Courbet, Frappa, et il ne s'est ni révolté ni rendu. Il a continué à aimer les vastes horizons de la campagne de Rome, à étudier Le Lorrain, Le Poussin, de Boissieu, les grands maitres idéalistes et c'est, imprégné de leur génie, qu'il a reproduit, avec un si vigoureux talent, les paysages lyonnais qu'il a tant de fois offerts à notre admiration.

Il avait *la main*, comme disent les artistes, l'habileté des doigts, si recherchée aujourd'hui, mais il y ajoutait l'idée, la pensée, l'amour du beau et de la grandeur. Il savait voir, organiser, composer, et un tableau n'eût pas été parfait pour lui si, sur le premier plan, dans le fuyant ou dans un coin on n'eût aperçu un chêne gigantesque, son arbre de prédilection, un groupe de vieux arbres, géants de la vallée, un roc escarpé, une ruine, un motif quelconque d'attirer le spectateur, de le fixer devant sa toile et de l'y faire longtemps rêver.

Il avait la plus haute notoriété à Lyon et il savait si bien qu'il y était aimé que, malgré sa passion pour l'Italie, que, de loin en loin, il était si heureux de revoir, il n'a jamais cherché à quitter sa ville natale et le climat hollandais dont elle est affligée une partie de l'année.

Il était né dans le quartier Saint-Jean, le 27 août 1812. Son père, Jean-Joseph Ponthus-Cinier, avait été secrétaire en chef de l'ancienne administration municipale ; sa mère était une demoiselle Antoinette Novet, fille de négociants considérés. Son aïeul, Joseph Ponthus-Cinier, était fabricant de soieries ; le bisaïeul avait été procureur à la Cour.

La situation officielle du père d'Antoine n'empêcha point son aïeul maternel François Novet, d'être condamné à mort par la Commission révolutionnaire siégeant à Lyon. Le jugement est du 25 frimaire an II. Il porte que Novet avait conspiré contre le peuple et qu'il était notoirement connu comme contre-révolutionnaire. Crime absurde et faux, dont on accusait volontiers les malheureux Lyonnais, malgré l'enthousiasme avec lequel ils avaient accueilli les idées nouvelles et quoique, livrés à eux-mêmes pendant trois mois, ils n'eussent jamais arboré d'autres couleurs que celles de la République, ni reconnu, même en combattant sous les ordres de Précy, d'autre gouvernement, ni d'autre pouvoir que celui de la Nation.

La famille Ponthus-Cinier était ancienne à Lyon. Au commencement du XVIIIe siècle, elle se divisa en deux branches, celle des Ponthus-Cinier, qui resta dans notre ville, et celle des Cinier de la Feuillade, qui possédait le château de ce nom, dans la commune de Messimy, en Bresse. D'après l'*Armorial*, de M. Steyert, les armes de la famille étaient : *D'Azur, au Cygne d'argent, nageant sur une rivière de même.* Après leur séparation, les deux branches conservèrent cet écusson qui remontait à Louis XIV et avait été porté par leur auteur commun.

Un *Ex libris* du siècle dernier, très bien gravé, offre ces armes dans un cartouche soutenu par deux lions menaçants. Au-dessous, une banderolle courant dans les nuages porte ces mots : *Ex libris Joannis Josephi Cinier.*

Les parents du jeune Antoine voulant faire de leur fils un négociant, l'envoyèrent de bonne heure à l'Ecole du Palais Saint-Pierre où il se fit promptement distinguer. Mais doué d'aptitudes remarquables, le brillant élève, au lieu de s'adonner à l'étude si fine et si minutieuse de la fleur qui l'eût conduit infailliblement dans un de ces comptoirs où se font les grosses fortunes lyonnaises, se jeta dans le paysage, courut les champs, s'enivra de soleil et, sans autre maître que la nature, se fit bientôt remarquer parmi les peintres de notre ville. Puis, quand il se crut assez fort pour lutter contre les artistes de Paris, en 1842, c'est-à-dire à la limite d'âge pour concourir, il affronta le grand concours, et quoique sans maître, sans protection, sans appui d'école ou d'atelier, y obtint d'emblée le second grand prix de peinture-paysage. Le thème choisi était : *Adam et Eve chassés du Paradis terrestre.*

Ce sujet grandiose convenait admirablement à son caractère et il fut bien près de toucher au but. Nous ne demanderons même pas si cette belle toile ne méritait pas la première place ? Quoi qu'il en soit, on peut l'apprécier ; elle appartient au Musée de Lyon.

Après un pareil succès obtenu en dehors des

ateliers parisiens, il n'avait qu'un parti à prendre, se perfectionner en Italie. Seul et courageusement, il partit. Les modèles qu'il eut sous les yeux, les paysages, les musées, la vie qu'on mène à Rome quand on y travaille, développèrent et firent grandir son talent. Il devint le peintre sérieux, élégant, vrai, de bon goût que nous avons connu. Après deux ans de séjour, il revint à Lyon, sûr de lui, maître de son pinceau et il se mit dès lors à produire avec activité.

Il avait produit un nombre considérable d'études et de croquis à la plume, pris à Rome ou dans les environs; il les réunit dans un Album qui porte la date de 1844 et qu'il montrait non sans fierté.

On possède encore de lui une quantité de spirituelles eaux-fortes représentant des sites de l'Italie, du Dauphiné ou du Lyonnais. Il trouvait à ce changement de travail une distraction d'abord, un amusement peut-être; il en faisait surtout une étude qui le forçait à serrer son dessin, tout en lui permettant de varier à l'infini le sujet de ses compositions. Pour un vaillant comme lui, le changement était un repos.

Dès son retour d'Italie, Ponthus-Cinier avait pris la coutume d'envoyer des tableaux à chaque Exposition de Paris; ils y étaient remarqués et une de ses meilleures toiles avait eu la bonne fortune d'être achetée par M. le duc d'Aumale, ce qui allait donner la vogue au peintre lyonnais. Mais un accident grave étant arrivé à une de ses caisses et l'artiste ayant eu à se plaindre de la manière dont cette affaire avait été réglée, il rentra fièrement sous sa tente et pendant trente années cessa complètement tous ses envois.

La célébrité dans sa ville natale lui suffisait d'ailleurs et les toiles ne firent jamais un long séjour chez lui. Amateurs et marchands montaient allègrement, chaque jour, les cent marches de son atelier, avenue de l'Archevêché, plus tard quai Tilsitt. Pendant quarante ans, ce succès se maintint. Pendant tout ce laps de temps, Ponthus-Cinier fit l'ornement de nos Expositions. Il était un des préférés du public, un des fidèles de la Société des Amis des Arts et il n'était pas de salon à Lyon, pas de villa ou de château des environs qui ne voulussent avoir sa signature. Energique, vigoureux, ardent, Ponthus-Cinier suffisait à cette large demande. Il arpentait la campagne, errait dans les vallées du Dauphiné ou de la Savoie, étudiait les montagnes de la Suisse, visitait, de loin en loin, cette Italie où il aimait à se retremper. Quand le temps lui manquait pour les voyages lointains, il parcourait les douces montagnes du Lyonnais, ses préférées, puis, riche de croquis, d'ébauches et de dessins, d'un pinceau large et rapide, achevait ces grandes toiles que les riches familles lyonnaises se disputaient ou ces innombrables petites toiles où sa griffe se reconnaissait à première vue et dont les marchands de tableaux n'avaient jamais assez.

La vie qu'il avait adoptée lui permettait un immense labeur. Célibataire, il acceptait facilement un séjour de quelques semaines à la campagne, chez des amis. Là, c'était la fête des pinceaux; il peignait par tous les temps. A Lyon, il aimait la vie de salon et la bonne société, et c'était pour eux seuls qu'il abandonnait, le soir, son atelier. Les meilleures maisons, d'ailleurs, s'ouvraient devant lui; les plus vieilles familles l'accueillaient en souriant et, grâce à son esprit fin et de bon aloi, à son bon ton, à sa fortune, à ses manières, il était choyé partout. Sa villégiature favorite, pendant ces dernières années, était au château d'Hostel, chez son ami d'enfance, l'architecte Tony Desjardins. Là, en présence des beaux sites du Valromey, au milieu des riches souvenirs de l'antiquité romaine, au sein d'une société choisie, notre artiste se sentait libre, heureux, chez lui, et souvent, oublieux du monde entier, ce n'était que chassé par les frimats et quand la famille fermait les portes du manoir hospitalier, que Ponthus-Cinier songeait à descendre de la montagne et à rentrer dans la vie bruyante de Lyon.

Si sa gaieté était sympathique, si sa conversation groupait les causeurs autour de lui, sa générosité bienveillante lui gagnait tous les cœurs. Il était d'une foule de Sociétés de bienfaisance et fut un des créateurs de la Société fondée en faveur des artistes nécessiteux. Il en fut le trésorier pendant de longues années et c'est peut-être grâce à sa sage administration qu'elle est florissante aujourd'hui.

On le connaissait si bien que sa porte était continuellement assiégée par les quêteurs de tous rangs et de toutes sortes et qu'il ne refusait jamais un tableau à une bonne œuvre qui faisait appel à sa générosité.

Hier encore, il offrait une toile importante à la tombola de la Presse lyonnaise et il y travaillait ardemment quand la mort l'a surpris.

Cette générosité, cette bienveillance, cet amour de la ville natale ne se sont jamais démentis et ce ne sera pas sans attendrissement qu'on lira ces pages touchantes extraites de son testament :

«..... Après avoir fait, de mon vivant, don à la Ville de Lyon d'un de mes principaux tableaux, je veux aussi lui laisser un souvenir de l'œuvre artistique de toute ma vie. Je lui lègue les trois volumes de reproductions de mes principaux tableaux, plus cinquante de mes dessins au lavis désignés par moi, ou, à défaut, choisis par mon exécuteur testamentaire et la Commission du Musée de Lyon dont il provoquera la réunion.

« Je lègue encore à la Ville de Lyon un volume grand in-4° contenant des croquis à la plume faits d'après nature, intitulé : *Voyage en Italie, 1844*.

« Mon exécuteur testamentaire prélèvera encore, avant le partage, le capital nécessaire pour établir une rente perpétuelle de mille francs par an, destinée à fonder à Lyon un concours annuel de paysage au point de vue décoratif; la Commission chargée de juger ce concours sera présidée par le Préfet de Lyon, ou son délégué, assisté de cinq membres de la Commission de la Société des Amis des Arts et d'un membre de la famille. Ce prix, décerné à la majorité, portera mon nom. »

Ni lui ni ses amis ne croyaient que ce testament serait si tôt ouvert.

Le 17 janvier 1885, le pinceau à la main, toujours aussi laborieux et dans la plénitude entière de ses facultés, il fut frappé d'un coup qui ne pardonna pas. Le lendemain, il expirait, sans souffrance et sans avoir jamais été malade, même depuis sa première enfance.

Ses obsèques eurent lieu le mardi 20 janvier, à Ainay, d'où il fut conduit ensuite au cimetière de Loyasse, au milieu d'un nombreux cortège d'amis et d'artistes, empressés à lui rendre ce dernier devoir.

Il serait inutile de vouloir énumérer son œuvre;

la meilleure plume n'y suffirait pas. Outre ces toiles innombrables, si recherchées de son vivant, outre les cinquante dessins qu'il a légués à la Ville, il en a laissé plus de deux cents que les amateurs n'hésitent pas à regarder comme dignes d'être mis à côté des dessins des meilleurs maîtres. Ce sont des lavis à l'encre de chine ou à la sépia rehaussés de blanc; nous ne comptons pas une foule d'études peintes, faites particulièrement en Italie et dans le Midi de la France; des aquarelles représentant des costumes de paysans italiens, principalement de la campagne de Rome, des eaux-fortes et nombre de carnets de poche remplis de croquis pris sur nature.

Suivant sa dernière volonté, exprimée dans son testament, tout va être dispersé, tout va être livré au marteau du Commissaire-priseur, y compris une vingtaine de tableaux terminés, dont le Catalogue a été dressé. Ici notre tâche cesse. Nous n'avons pas de réclame à faire autour de ce deuil. Nous avons seulement essayé de dire quel artiste nous avons perdu. Il vécut simple, bon et heureux. Les arts le regretteront; la Ville inscrira son nom parmi ceux de ses plus sympathiques enfants, et ceux qui ont connu l'homme et l'ami ne l'oublieront pas.

Aimé VINGTRINIER.

20 février 1885.

CATALOGUE

DES

ŒUVRES

de feu

M. A. PONTHUS-CINIER

ARTISTE PEINTRE LYONNAIS

Peintures, Lavis, Aquarelles

EAUX-FORTES

Dépendant de sa succession

ŒUVRES

de feu

M. A. PONTHUS-CINIER

PEINTURES

1 — *Lisière d'un bois* (signé).

Sur bois, cadre doré.

Haut., 27 cent. ; larg., 36 cent.

2 — *Arbres sur le bord de l'Allier* (signé).

Sur bois, cadre doré.

Haut., 23 cent. ; larg., 31 cent.

3 — *L'Allier près de Vichy.*

Sur bois, cadre doré.

Haut., 27 cent. ; larg., 36 cent.

4 — *Rochers et broussailles.*

Sur bois, cadre doré.

Haut., 23 cent. ; larg., 31 cent.

5 — *Paysage dans l'Allier.*

Sur bois, cadre doré.

Haut., 23 cent. ; larg., 31 cent.

6 — *Bords de l'Allier* (signé).

Sur bois, cadre doré.

Haut., 23 cent. ; larg., 31 cent.

7 — *Venise, place Saint-Marc* (signé).

Sur toile, cadre doré.

Haut., 37 cent ; larg., 34 cent.

8 — *Venise, la Douane.*

Sur toile, cadre doré.

Haut., 37 cent. ; larg. 34 cent.

9 — *Venise, place Saint-Marc* (signé).

Sur toile, cadre doré.

Haut., 37 cent ; larg., 34 cent.

10 — *Brouillard à Optevoz* (signé).

Sur toile, cadre doré.

Haut., 12 cent ; larg., 3[illegible] cent.

11 — *Pont sur la route de Chessy.*

Sur toile, cadre doré.

Haut., 10 cent. ; larg., 14 cent.

12 — *Paysage dans l'Ain.*

Sur bois, cadre doré.

Haut., 34 cent.; larg., 55 cent.

13 — *La côte du golfe de Zerbert*, Espagne (signé).

Sur toile, cadre doré.

Haut., 55 cent.; larg., 51 cent.

14 — *Paysage dans le Bugey.*

Sur toile, cadre doré.

Haut., 55 cent.; larg., 51 cent.

15 — *Pont à Saint-Fortuna.*

Sur toile, cadre doré.

Haut., [illegible] cent.; larg., [illegible] cent.

16 — *Vallée dans l'Ain.*

Sur bois, cadre doré.

Haut., 35 cent.; larg., 55 cent.

17 — *Bords de la rivière l'Ain.*

Sur bois, cadre doré.

Haut., 35 cent.; larg., 55 cent.

18 — *Le Bac à traille à Neuville-sur-Ain.*

Sur toile, cadre doré.

Haut., 55 cent.; larg., 51 cent.

19 — *L'Abreuvoir.*

Sur bois, cadre doré.

Haut., 32 cent. ; larg., 45 cent.

20 — *Le grand canal à Venise.*

Sur toile, cadre doré.

Haut., 29 cent. ; larg., 46 cent.

21 — *Paysage dans les Hautes-Alpes.*

Sur papier collé sur toile, cadre doré.

Haut., 29 cent. ; larg., 35 cent.

22 — *Paysage dans l'Allier.*

Sur bois, cadre doré.

Haut., 48 cent. ; larg., 39 cent.

23 — *Cabane de bûcherons.*

Sur bois, cadre doré.

Haut., 34 cent. ; larg., 35 cent.

24 — *Rochers dans l'Ain.*

Sur toile, cadre doré.

Haut., 41 cent. ; larg., 39 cent.

25 — *Passage dans les rochers du Revermont* (signé).

Sur bois, cadre doré.

Haut., 30 cent. ; larg., 22 cent.

26 — *Près de la Ferme des Saudanières* (Ain).

Sur bois, cadre doré.

Haut., 26 cent.; larg., 37 cent.

27 — *La voie Appia* (Crépuscule).

Sur toile, cadre doré.

Haut., 21 cent.; larg., 32 cent.

28 — *Dans la vallée de Dardilly.*

Sur toile, cadre doré.

Haut., 18 cent.; larg., 34 cent.

29 — *Abreuvoir près d'un barrage rompu.*

Sur bois, cadre doré.

Haut., 34 cent.; larg., 54 cent.

30 — *Dans les paccages de la commune de Jasseret.*

Sur toile, cadre doré.

Haut., 30 cent.; larg., 50 cent.

31 — *Les roches de Tibère à Capri* (signé).

Paysage ayant figuré cette année à l'Exposition des Amis des Arts à Lyon.

Sur toile, cadre doré.

Haut., 85 cent.; larg., 1 m. 15 cent.

32 — *Sous bo's* (signé).

Sur bois, cadre doré.

Haut., 17 cent.; larg., 31 cent.

ÉTUDES PEINTES

SUR TOILE OU PAPIER ET MISES SUR CHASSIS

AVEC BAGUETTES D'ENCADREMENTS

33 — *Vue d'Embrun* (Hautes-Alpes).

Haut., 19 cent.; larg., 28 cent.

Ponte Nomentano (Italie).

Haut., 18 cent.; larg., 35 cent.

34 — *La Grande-Chartreuse.*

Haut., 28 cent.; larg., 30 cent.

Entrée de la vallée de Preau.

Haut., 24 cent.; larg., 36 cent.

35 — *Saint-Chaffrey près Briançon.*

Haut., 26 cent.; larg., 36 cent.

Cour de ferme.

Haut., 35 cent.; larg., 29 cent.

Village sur un rocher.

Haut., 34 cent.; larg., 40 cent.

36 — *Le bon Samaritain.*

Haut., [illegible] cent.; larg., 19 cent.

Tivoli (Italie).

Haut., 27 cent.; larg., 29 cent.

Cascades à Tivoli.

Haut., 30 cent.; larg., 36 cent.

37 — *Arbres et rochers.*

Haut., 28 cent.; larg., 40 cent.

Ruines (Italie).

Haut., 29 cent.; larg., 49 cent.

Le Tibre, campagne de Rome.

Haut., 29 cent.; larg., 43 cent.

38 — *Pâturage dans la montagne.*

Haut., 18 cent.; larg., 33 cent.

Maison rustique.

Haut., 18 cent.; larg., 33 cent.

Ferme.

Haut., 18 cent.; larg., 33 cent.

39 — *Temple à Tivoli.*

Haut., 31 cent.; larg., 22 cent.

Paysage.

Haut., 31 cent.; larg., 22 cent.

Arbres et temple.

Haut., 31 cent.; larg., 22 cent.

40 — *Route et rochers.*

Haut., 31 cent.; larg., 22 cent.

Le bon Samaritain.

Haut., 31 cent.; larg., 22 cent.

41 — *Paysage d'Italie.*

Haut., 26 cent.; larg., 34 cent.

Pêcheur à la ligne.

Haut., 26 cent., larg., 34 cent.

42 — *Près de la mer.*

Haut., 26 cent.; larg., 34 cent.

Palmiers (Italie).

Haut., 26 cent.; larg., 34 cent.

43 — *Palmiers et forteresse* (Italie).

Haut., 26 cent.; larg., 34 cent.

Petite ville (Italie).

Haut., 26 cent.; larg., 34 cent.

44 — *Cascades.*

Haut., 26 cent.; larg., 34 cent.

Montagnes.

Haut., 26 cent.; larg., 34 cent.

45 — *Thermes à Albano.*

Haut., 26 cent.; larg., 34 cent.

Barques de pêcheurs.

Haut., 26 cent.; larg., 34, cent.

46 — *Petite ville* (Italie).

Haut., 26 cent. ; larg., 34 cent.

Village et ruines.

Haut., 26 cent. ; larg., 34 cent.

47 — *Village et ruines.*

Haut., 18 cent. ; larg., 35 cent.

Fort au bord de la mer.

Haut., 18 cent. ; larg., 35 cent.

Village (Italie).

Haut., 18 cent. ; larg., 35 cent.

48 — *Village* (Italie).

Haut., 18 cent. ; larg., 35 cent.

Pins d'Italie.

Haut., 18 cent. ; larg., 35 cent.

Masse d'arbres.

Haut., 18 cent. ; larg., 35 cent.

49 — *Petit pont.*

Haut., 21 cent. ; larg., 30 cent.

Cours d'eau.

Haut., 21 cent. ; larg., 33 cent.

Forteresse.

Haut., 18 cent. ; larg., 35 cent.

50 — *Village.*

Haut., 18 cent.; larg., 35 cent.

Route sur la montagne.

Haut., 18 cent.; larg., 35 cent.

Petite ville.

Haut., 18 cent.; larg., 35 cent.

51 — *Ruines au bord de la mer.*

Haut., 18 cent.; larg., 35 cent.

Terrain et ruines.

Haut., 18 cent.; larg., 35 cent.

Fort au bord de la mer.

Haut., 18 cent.; larg., 35 cent.

52 — *Cyprès et pins d'Italie.*

Haut., 18 cent.; larg., 35 cent.

Ruines et aqueduc.

Haut., 18 cent.; larg., 35 cent.

Ferme et masse d'arbres.

Haut., 18 cent.; larg., 35 cent.

ÉTUDES PEINTES

SUR PAPIER, CARTON, TOILE OU BOIS

AVEC BAGUETTE D'ENCADREMENT

53 — *Paysage dans les Alpes.*

Sur toile.

Lisière d'un bois.

Sur carton.

Bûcheron liant un fagot.

Sur bois.

54 — *Grande route* (Signé P. C.).

Sur carton.

Rochers.

Sur carton.

Moulin et cours d'eau.

Sur carton.

Chantier de pierres près de la carrière.

Sur toile.

55 — *Carrière abandonnée à Saint-Fortuna.*
Sur toile.

Saules.
Sur toile.

Lisière d'un bois.
Sur carton.

Forêt.
Sur toile.

56 — *Saules et barque* (signé).
Sur toile.

Village.
Sur toile.

L'abreuvoir.
Sur toile.

Chemin de la Carrière à Poleymieu (signé).
Sur carton.

57 — *Pont à Saint-Fortuna* (signé).
Sur carton.

Rochers et arbres (signé).
Sur toile.

Coupe de bois.

Sur carton.

Village.

Sur toile.

58 — *L'Allier à Vichy.*

Sur bois.

Rochers.

Sur bois.

Fontaine monumentale.

Sur toile, collée sur bois.

59 — *Chantier de tailleurs de pierres.*

Sur bois.

Rochers.

Sur bois.

Bords de l'Allier.

Sur bois.

60 — *Ruines de la chapelle de Bussige-Saint-André* (signé).

Sur carton et peint des deux côtés.

Falaise.

Sur carton.

Pont fortifié (Italie).
Sur toile.

Paysage.
Sur papier.

61 — *Venise.*
Sur toile.

Venise.
Sur toile.

Château.
Sur toile.

Château et parc.
Sur toile.

62 — *Fort au bord de la mer.*
Sur toile.

Rochers et arbres.
Sur toile.

Paysage (Italie).
Sur papier.

Embrun (Hautes-Alpes).
Sur papier et peint des deux côtés.

63 — *Phare et cabanes de pêcheurs.*

Sur toile.

Avignon.

Sur toile.

Port sur la Méditerranée.

Sur toile.

Chantier de construction de navires.

Sur toile.

64 — *Abreuvoir.*

Sur toile.

Campagne de Rome.

Sur toile.

Lac à Nemi.

Sur toile.

65 — *Rochers et montagnes.*

Sur carton.

Arbres.

Sur toile.

Bouquet d'arbres.

Sur papier.

66 — *Rochers, soleil couchant.*
Sur papier.

Rochers et arbres (signé).
Sur papier.

Terrasse d'un château.
Sur papier, peint des deux côtés.

67 — *Ville fortifiée.*
Sur papier.

Pont fortifié.
Sur toile.

Cours d'eau.
Sur toile.

68 — *Chantier de constructions navales.*
Sur toile.

Paysage (Italie).
Sur toile.

Ville au bord de la mer.
Sur toile.

www.ingramcontent.com/pod-product-compliance
Ingram Content Group UK Ltd.
Pitfield, Milton Keynes, MK11 3LW, UK
UKHW022318170726
13837UKWH00005BA/2059

9 782329 535708